Tontopf-FIGUREN

Motivhöhe

11 cm

Material

- 2 Tontöpfe in Glockenform, ø 9 cm
- 3 Mini-Tontöpfe, ø 3,5 cm
- 4 Holzkugeln, ø 2 cm
- Rest Naturbast
- 2 Wackelaugen, ø 1 cm

Maus

Kleben Sie die einzelnen Tontöpfe wie auf dem Foto mit Kraftkleber zusammen. Zeichnen Sie der Maus einen roten Mund und fixieren Sie die Wackelaugen. Den Schwanz aus Bast flechten und wie auch die Barthaare mit Klebstoff fixieren.

Fotos: frechverlag GmbH, 70499 Stuttgart;
Fotostudio Ullrich & Co., Renningen

Dieses Buch enthält: 1 Vorlagenbogen

Auflage: 9. 8. 7. 6. 5. | Letzte Zahlen
Jahr: 2006 2005 2004 2003 2002 | maßgebend

ISBN 3-7724-2999-8 · Best.-Nr. 2999

frechverlag GmbH, 70499 Stuttgart
Druck: frechdruck GmbH, 70499 Stuttgart

Sind Sie auf der Suche nach neuen und originellen Gestaltungsideen für Garten und Fensterbrett? Dann liegen Sie mit diesem Buch genau richtig. Aus einfachen Tontöpfen entstehen im Nu entzückende Figuren.

Von lustigen Gesellen für den Vorgarten über ein Tontopfpärchen für das Kakteenfenster bis hin zum kleinen Glücksbringer oder hoppelnden Osterhasen mit Kiepe – hier bekommen Groß und Klein Bastelideen fürs ganze Jahr.

Versuchen Sie sich gleich an Ihrer ersten Tontopffigur! Das Gestalten macht nicht nur viel Spaß, die lustigen Gesellen sind zudem auch für den kleinen Geldbeutel geeignet.

Lassen Sie sich von unseren Ideen inspirieren!

Viel Spaß beim Basteln wünschen Ihnen

Annette Kunkel

und

Natalie Kunkel

Für die Figuren werden verschiedene TONTÖPFE verwendet: herkömmliche, glockenförmige und die etwas höheren Rosentöpfe. Alle drei Arten erhalten Sie im Bastelgeschäft oder Baumarkt.

Material und Hilfsmittel

- Tontöpfe in verschiedenen Formen
- Naturbast
- Holzstäbchen, z. B. Schaschlikspieße
- Holzleim
- Kraftkleber, z. B. Uhu Kraft
- Hanf
- Langhaarplüsch
- Abacafaser
- Band in Natur, ca. 1,5 cm breit
- Pinsel
- Bastelfarben und Lackstifte
- Schere
- Bleistift
- Evtl. Heißklebepistole

Die genauen Materialangaben finden Sie bei den jeweiligen Objekten. Hilfsmittel werden dort nicht extra erwähnt.

NATURBAST wird zum Zusammenbinden der Figur und zum Anknüpfen der Arme und Beine verwendet.

HOLZLEIM hat eine hohe Klebekraft und bietet sich deshalb zum Zusammenkleben der Tontöpfe an. Durch die flüssige Konsistenz hat er jedoch den Nachteil, dass er eine sehr lange Abbinde- und Trockenzeit hat. Für Teile, die waagerecht angeklebt werden müssen und für das Ankleben der Haare und der Accessoires empfehlen wir Ihnen deshalb einen KRAFTKLEBER. Das Kleben mit der Heißklebepistole bietet für größere Teile keine ausreichende Klebekraft.

Die Haare haben wir aus verschiedenen Materialien gefertigt. HANF sieht menschlichen Haaren sehr ähnlich, lässt sich leicht kämmen und vielseitig frisieren. Außerdem passt es sehr gut zum Naturmaterial Ton. Hanfzöpfe finden Sie in Bastelgeschäften und Baumärkten. ABACAFASER ist borstiger und schwieriger zu verarbeiten, dafür aber in verschiedenen Farben erhältlich. LANGHAARPLÜSCH gibt es in allen Haarfarben und auch BAST ist sehr gut geeignet.

Zum Bemalen der Tontöpfe verwenden wir BASTELFARBEN. Das sind Acrylfarben auf Wasserbasis. Sie sind hochdeckend und schnelltrocknend.

So wird's gemacht

Zusammenbinden der Tontöpfe

Typ 1: Sitzende Figur mit Beinen

1. Schneiden Sie dem Topfboden entsprechend lange Holzstäbe zu. Verknoten Sie nun einen Baststrang aus vier bis fünf ca. 50 cm langen Fäden in der Mitte. Dabei schieben Sie kurz vor dem Zusammenziehen des Knotens drei bis vier Hölzchen ein. Knüpfen Sie einen weiteren Knoten, damit die Hölzer nicht herausrutschen können. Dann drücken Sie die Hölzchen in die Öffnung des für den Rumpf vorgesehenen Tontopfes und stellen sie quer. Die überstehenden Bastfäden lassen Sie zum Anknüpfen der Arme rechts und links herunterhängen.

1.

2. Um den Kopf zu fixieren, bereiten Sie wie oben beschrieben einen weiteren Baststrang vor und fädeln diesen durch das Loch des entsprechenden Kopf-Topfes. Führen Sie dann die Enden der Bastfäden weiter durch die Öffnung des Rumpfes. Verknoten Sie nun die Fäden über den hier bereits vorhandenen, quer gestellten Hölzchen. Überstehender Bast bleibt zum Anknüpfen der Beine hängen.

2.

3. Für die Arme fädeln Sie den Baststrang durch die Öffnung des Minitöpfchens und schieben dieses bis zum Schulteransatz. Machen Sie einen lockeren Knoten und schieben Sie diesen so weit wie möglich in das Innere des Töpfchens. Damit die Bastfäden zwischen den Töpfchen nicht sichtbar sind, müssen die Tontöpfe vor dem Verknoten ineinander geschoben werden. Vorher können Sie zusätzlich eine Holzperle einfädeln, dann rutscht der Bastknoten nicht durch das Loch am Topfboden. So beide Arme anbringen. Bei der Anordnung der Töpfchen orientieren Sie sich an der jeweiligen Abbildung.

3.

4. Die Beine werden auf die gleiche Weise gefertigt. Setzen Sie den ersten Knoten genau unterhalb des Topfrandes.

4.

5. Um eine schöne Kopfform als Unterlage für die Perücke zu erhalten kleben Sie eine passende Styroporkugel in den Topf.

Typ 2: Stehende Figur

6. Die Herstellung des Oberkörpers gleicht dem Typ 1. Bei den stehenden Figuren entfällt lediglich das Anknüpfen der Beine (Schritt 4). Schneiden Sie die dafür vorgesehenen Bastfäden 3 bis 4 cm unterhalb des Knotens ab und kleben Sie das Rumpfteil mit Holzleim auf den für das Unterteil vorgesehenen Topf. Die mit Holzleim geklebten Teile müssen über Nacht trocknen.

5.

6.

Nähen der Perücke

Hierfür benötigen Sie einen Hanfzopf und ca. 1,5 cm breites Band.
Für die Frisur A werden die Haare mittig auf das Band gesteppt, welches der gewünschten Scheitellänge entspricht. Für die Frisur B werden die Haare den Ansatz entlang auf ein Band gesteppt, welches der Länge des Topfumfanges entspricht. Für Stirnfransen fertigen Sie Frisur B mit entsprechend kürzeren Haaren.

Tipps

In diesem Buch zeigen wir Ihnen unterschiedlich gestaltete Gesichter. Lassen Sie sich davon inspirieren, einige Vorlagen finden Sie auch auf dem Vorlagenbogen.
Sicher gelingen die Gesichter, wenn Sie sie zunächst mit Bleistift auf dem Tontopf vorzeichnen. Misslungene Linien können Sie so leicht wieder ausradieren und korrigieren. Lackstifte erleichtern ein exaktes Malen von Augen und Mundlinien. Falls der Kopf einer Figur wackelt, können Sie die Lücke mit etwas Heißkleber füllen.

Kämmen Sie den Hanf vor dem Nähen mit einem groben Kamm durch. Achten Sie beim Steppen darauf, dass die „Haare" dicht genug sind, damit die Unterlage nicht sichtbar ist.

Motivhöhe

ca. 30 cm

Material

- Tontopf, 2 x ø 7 cm, ø 8 cm
- 12 Mini-Tontöpfe, ø 3,5 cm
- Styroporkugel, ø 7 cm
- Rest Fell in Rotbraun
- Bastelfarbe in Grün
- Nickituch, 28 cm x 28 cm

Bursche mit baumelnden Beinen

Fertigen Sie die Figur nach der Schritt-für-Schritt-Anleitung an, den großen Topf nehmen Sie als Körper, die 7-cm-Töpfe für Hut und Kopf. Malen Sie dem Burschen dann ein nettes Gesicht auf.
Für die Haare schneiden Sie aus einem Fellrest einen ca. 3 cm breiten, der Länge des Topfumfangs entsprechenden Streifen. Kleben Sie diesen oberhalb des Topfrandes an der Styroporkugel fest.
Grundieren Sie den Huttopf in Grün und fixieren Sie ihn mit Klebstoff auf dem Kopf. Als Accessoire binden Sie noch ein buntes Nickituch um den Hals.

Motivhöhe

ca. 13 cm

Material

- 2 Tontöpfe in Glockenform, ø 13 cm
- Tontopf, ø 6 cm
- 6 Mini-Töpfe, ø 3,5 cm
- 2 Wackelaugen, ø 16 mm
- Holzkleeblatt

Motivhöhe

ca. 35 cm

Material

- 2 Tontöpfe in Glockenform, ø 9 cm und ø 11 cm
- Tontopf, ø 10 cm
- 6 Mini-Tontöpfe, ø 3,5 cm
- Rosentopf, ø 7 cm
- Platte Moosgummi in Schwarz, 2 mm stark
- 2 Wackelaugen, ø 10 mm
- Holzperle in Rot, ø 10 mm
- Rest Langhaarplüsch in Blond
- Band in Rot, 4 cm breit, 50 cm lang
- Holzkleeblatt
- 3 Knöpfe, ø 12 mm
- Holzleiter oder dünne Leisten

Schornsteinfeger

Für den Kopf belassen Sie den kleineren, glockenförmigen Topf im Naturton. Alle übrigen Töpfe werden mit schwarzer Bastelfarbe bemalt.

Den Körper des Schornsteinfegers fertigen Sie wie auf Seite 6 beschrieben. Kleben Sie dann die Wackelaugen und die Nase auf und malen Sie den Mund nach der Abbildung. Schneiden Sie einen 1,5 cm breiten, der Länge des Topfumfangs entsprechenden Streifen aus dem Langhaarplüsch aus und kleben Sie diesen um den Topfrand. Danach wird für die Hutkrempe ein Kreis von 13 cm Durchmesser aus Moosgummi ausgeschnitten und auf den Kopf geklebt. Darauf fixieren Sie den Rosentopf als Hut. Schneiden Sie nun das Haar in Form.

Dann falten Sie das rote Band der Länge nach in der Mitte und binden es mit einem Knoten um den Hals fest. Die überstehenden Ecken werden schräg abgeschnitten. Zuletzt fixieren Sie das Kleeblatt und hängen die Leiter über die rechte Schulter.

Glücksschwein

Kleben Sie die beiden großen Tontöpfe mit Holzleim zusammen und lassen Sie sie über Nacht senkrecht stehend trocknen. Mit Kraftkleber fixieren Sie dann Rüssel, Ohren, Beine und Wackelaugen; der Mund wird aufgemalt. Zuletzt befestigen Sie das Kleeblatt auf dem Rüssel des Glücksschweins.

Motivlänge

ca. 40 cm

Material

- Tontopf, 3 x ø 3,5 cm und 7 x ø 4 cm
- Holzperlen in Natur, 14 x ø 2 cm und 7 x ø 3 cm
- Rest Moosgummi in Schwarz, 2 mm stark
- 2 Halbperlen in Schwarz
- Bastelfarbe in Schwarz

Tausendfüßler

Fädeln Sie abwechselnd einen Tontopf (ø 4 cm) und eine Holzperle (ø 3 cm) auf einen ca. 60 cm langen Baststrang von drei bis vier Fäden. Setzen Sie nach jeder Holzperle einen Knoten. Dann fixieren Sie mit Klebstoff am vorderen Ende ein kleines Tontöpfchen als Kopf. Befestigen Sie die Augen nach der Abbildung.
Am hinteren Ende wird gegengleich ein Tontöpfchen fixiert. Für die Füße kleben Sie die restlichen Holzperlen wie auf der Abbildung an den Töpfen fest. Den Hut aus einem Moosgummikreis (ø 5 cm) und einem schwarz grundierten, kleinen Tontöpfchen zusammensetzen und platzieren.

Echt mini!

Diese Figuren sind so klein und leicht, dass sie sogar in der Luft fliegen können! Für den Jungen den großen und kleinen Tontopf sowie den Rand des mittleren Topfes in Dunkelblau grundieren. Nun die Tontöpfe nach der Anleitung (siehe Seite 5) zusammenfügen, dabei den kleinsten Topf als Hut in den mittleren einkleben. Vorher fixieren Sie die Schwingfeder als Aufhängung im Topfinneren. Fädeln Sie die Perlen für die Arme nach der Abbildung auf. Die Sisalschnur für die Beine wird mit dem überhängenden Bast verknotet. Tragen Sie dann ca. 1 cm oberhalb der Kordelenden etwas Klebstoff auf und befestigen Sie daran die Füße. Die überstehenden Kordelenden werden abgeschnitten. Malen Sie nun Knöpfe und Gesicht auf und binden Sie die Schleife um den Hals. Für das Mädchen die unbemalten Tontöpfe zusammenfügen, das Gesicht bemalen und die Styroporkugel als Unterlage für die Perücke einkleben. Die Perücke fertigen (siehe Seite 15ff.) und zuletzt die Figur mit den Bändern verzieren.

Motivhöhe

ca. 15 cm

Material Junge

- Tontopf, ø 5 cm
- Mini-Tontöpfe, ø 4 cm und ø 3,5 cm
- 4 Holzkugeln in Dunkelblau, ø 12 mm
- 2 Holzkugeln in Natur, ø 8 mm
- Sisalkordel, ø 6 mm, 25 cm lang
- Band in Rot, ø 6 mm, 30 cm lang
- 2 Marionettenfüße, 32 x 24 mm
- Bastelfarbe in Dunkelblau
- Schwingfeder

Motivhöhe

ca. 15 cm

Material Mädchen

- Tontopf, ø 5 cm
- Mini-Tontöpfe, ø 4 cm
- Styroporkugel, ø 4 cm
- Hanfzopf
- Band in Gelb kariert, 1 cm breit, ca. 1,2 m lang
- 4 Holzkugeln in Orange, ø 12 cm
- 2 Holzkugeln in Natur, ø 8 mm
- Sisalkordel, ø 6 mm, 25 cm lang
- 2 Marionettenfüße, 32 x 24 mm
- Schwingfeder

Tontopffamilie

Die großen Figuren sind ca. 50 cm hoch und als Dekorationsstücke vor der Haustüre oder für den Vorgarten geeignet. Bei der kleinen Figur wird das Kopfteil als Pflanztopf benutzt. Originell wirken flach und buschig wachsende Pflanzen, z.B. ein Bubiköpfchen. Besonders schön für die Fensterbank ist auch die Bepflanzung des

Motivhöhe

ca. 52 cm

Material Topfmann

- Tontöpfe, ø 12 cm und 3 x ø 14 cm
- Mini-Tontöpfe, 6 x ø 4 cm und 3 x ø 3,5 cm
- 2 Wackelaugen, ø 16 mm
- Naturbast
- 2 getrocknete Bohnen
- Moos

Motivhöhe

ca. 48 cm

Material Topffrau

- Je 1 Tontopf, ø 12 cm, ø 14 cm und ø 18 cm
- Tontopf in Glockenform, ø 17 cm
- Mini-Tontöpfe, 6 x ø 4 cm und 2 x ø 3,5 cm
- 2 Wackelaugen, ø 16 mm
- Holzkugel, ø 2 cm
- Bastelfarbe in Rot
- Naturbast
- 2 getrocknete Bohnen
- Moos

Motivhöhe

ca. 30 cm

Material Topfjunge

- Je 1 Tontopf, ø 8 cm und ø 10 cm
- Tontopf in Glockenform, ø 11 cm
- 6 Mini-Tontöpfe, ø 3,5 cm
- 2 Wackelaugen, ø 10 mm
- Naturbast

Tontopfjungens mit Kräutern. Alle drei Figuren werden wie unter Typ 2 (siehe Seite 6) beschrieben gefertigt. Bei der Topfanordnung und der Gesichtsgestaltung können Sie sich an der Abbildung orientieren. Die großen Figuren erhalten einen Kragen aus Moos und Knöpfe aus getrockneten Bohnen. Außerdem erhalten alle Figuren Verzierungen aus Bast. Für die Haare nähen Sie zurechtgeschnittene Baststücke auf ein Band (Frisur B, Seite 6) und kleben dieses am Rand der Innenseite des Huttopfes fest. Die Topffrau erhält zusätzlich rechts und links einen Zopf. Fixieren Sie den Hut leicht schräg auf dem Kopf. Kürzen Sie evtl. das Haar und schneiden Sie es in Form.

Marktfrau (Abbildung auf Seite 16/17)

Fertigen Sie die Figur wie auf Seite 6 beschrieben (Typ 2). Den untersten Tontopf kleben Sie als Rock auf dem Kopf stehend in den Rumpf. Schneiden Sie nach dem Anknüpfen der Arme die überstehenden Bastfäden nicht ab, hier wird zuletzt die Strohtasche an den Henkeln befestigt.
Malen Sie das Gesicht auf und fixieren Sie die Styroporkugel als Perückenunterlage. Nähen Sie nach der Anleitung die Frisur B (Seite 6) aus Hanfhaaren, die Bandlänge entspricht dem Topfumfang. Bestreichen Sie das Band mit Klebstoff und fixieren Sie die Perücke am Topfrand. Die Haare werden dann über den Kopf geschlagen, zu einem Dutt gedreht und mit kleinen Haarnadeln festgesteckt. Binden Sie das Karoband als Schleife um den Hals.

Motivhöhe

ca. 35 cm

Material Marktfrau

- Je 1 Tontopf, ø 8 cm und ø 10 cm
- Tontopf in Glockenform, ø 13 cm
- 6 Minitöpfe, ø 3,5 cm
- Karoband, 1,5 cm breit, 60 cm lang
- Styroporkugel, ø 8 cm
- Hanfzopf
- Strohtasche
- Kleine Haarnadeln

Bauer

(Abbildung auf Seite 17)

Fertigen Sie die Grundfigur (Typ 2) nach der Anleitung auf Seite 6. Bemalen Sie das Gesicht. Dann kleben Sie die Styroporkugel in den Kopf und fixieren die Perücke darauf. Dafür nach Typ A aus ca. 10 cm langen Haaren ein Haarteil fertigen, wobei die Bandlänge einhalb des Kopfumfanges beträgt, und dieses oberhalb des hinteren Topfrandes befestigen. Dann nach Typ A ein weiteres Haarteil mit einem Scheitel (Bandlänge 5 cm) nähen und am Oberkopf fixieren. Schlagen Sie die Enden auf beiden Seiten nach innen und verteilen Sie die Haare so, dass auch Stirn und Hinterkopf verdeckt sind. Kürzen Sie nun die Haare nach Wunsch. Kleben Sie dann die Hosenträger nach der Abbildung auf, die vorderen Enden verdecken Sie mit Knöpfen. Zuletzt binden Sie das Halstuch um.

Motivhöhe

ca. 30 cm

Material Bauer

- Je 1 Tontopf, ø 8 cm, ø 9 cm und ø 10 cm
- 6 Mini-Tontöpfe, ø 3,5 cm
- Styroporkugel, ø 8 cm
- Hanfzopf
- Karoband, 1,5 cm breit, 2 x ca. 50 cm lang
- 2 Knöpfe, ø 18 mm
- Seidentuch in Blau, 28 cm x 28 cm
- Mütze, ø 28,5 cm

Bäuerin und Mädchen mit Eimer

(Abbildung auf Seite 16)

Fertigen Sie beide Figuren nach der Anleitung für Typ 2 (Seite 6), wobei Sie die überstehenden Bastfäden nicht abschneiden. Malen Sie den Figuren Ihre Gesichter auf.

Nun nähen Sie aus Hanf jeweils die Frisur A. Die Bandlänge wird vom Topfansatz (Stirn) über die Styroporkugel bis etwa 5 cm unter dem hinteren Topfrand (Nacken) gemessen. Fertigen Sie außerdem noch Stirnfransen nach der Anleitung B (Bandlänge ca. 4 cm und 6 cm). Tragen Sie entlang des Mittelscheitels auf das Band Klebstoff auf, legen Sie dann die Perücke etwas oberhalb des Topfrandes (Stirn) an und kleben Sie sie über die Styroporkugel bis zum Nacken fest. Schlagen Sie dabei den Perückenansatz und das Ende im Nacken jeweils 1 cm nach innen. Bestreichen Sie das Band der Stirnfransen beidseitig mit Klebstoff und schieben Sie es unter den Haar-

Motivhöhe

ca. 22 cm

Material Mädchen mit Eimer

- Je 1 Tontopf, ø 5 cm und ø 6 cm
- Tontopf in Glockenform, ø 9 cm
- 4 Mini-Tontöpfe, ø 3,5 cm
- Hanfzopf
- Zierband in Gelb kariert, 1 cm breit, ca. 1 m lang
- 2 Wackelaugen, ø 5 mm
- Eimer, 2,5 cm hoch

Motivhöhe

ca. 30 cm

Material Bäuerin

- Je 1 Tontopf, ø 8 cm und ø 12 cm
- Rosentopf, ø 10 cm
- 6 Mini-Tontöpfe, ø 3,5 cm
- Styroporkugel
- Hanfzopf
- Karoband, 1,5 cm breit, 2 m lang
- Strohhut, ø 12 cm
- Eimer, 3 cm hoch

ansatz. Flechten Sie die Haare zu Zöpfen und binden Sie diese bei der Bäuerin mit den Karoband fest, beim Mädchen werden sie zu Schnecken gedreht und festgesteckt.
Nun noch die Körper mit Karoband verzieren und die Zierschleifen platzieren. Die Eimer werden mit den überstehenden Bastfäden festgebunden.

Osterhase

Setzen Sie zunächst die Figur (Typ 2, Seite 6) zusammen und malen Sie das Hasengesicht auf.
Aus Moosgummi nun die Ohren fertigen. Schneiden Sie auf beiden Seiten des Hutes kleine Öffnungen ein und schieben Sie die Ohrenansätze hinein. Kleben Sie die Ohren oberhalb des Schlitzes am Hut fest. Fixieren Sie jetzt den Hut auf dem Kopf.
Befestigen Sie beidseitig ca. 30 cm lange Bänder an der Kiepe und binden Sie diese am Schulteransatz fest. Zuletzt bekommt der Osterhase eine Schleife um den Hals und bunte Knöpfe auf den Bauch.

Motivhöhe

ca. 38 cm

Material

- Tontopf in Glockenform, ø 11 cm und 2 x ø 13 cm
- 6 Mini-Tontöpfe, ø 3,5 cm
- 2 Holzkugeln, ø 2 cm
- 2 Knöpfe, ø 16 cm
- Strohhut, ø 14 cm
- Rest Moosgummi in Hellbraun
- Reisigkiepe, 15 cm hoch
- Band in Bunt, 1,5 cm breit, 1,2 m lang

Vorlagenbogen

Küken

Grundieren Sie zuerst die Tontöpfe und die Styroporkugel in Gelb. Kleben Sie die Federn als Halskrause um den Rand des Oberkörpers. Mit je zwei größeren Federn deuten Sie rechts und links die Flügel an. Setzen Sie dann die Figur zusammen, verknüpfen Sie Kopf und Oberkörper mit Bast und kleben Sie den Unterkörper an (siehe Seite 6).
Als Unterlage für die Federperücke wird die Styroporkugel in den Topf geklebt. Befestigen Sie zunächst Federn um den Topfrand herum, markieren Sie dann auf dem Oberkopf einen Punkt als Wirbel und kleben Sie von diesem ausgehend strahlenförmig Federn auf, bis der Untergrund verdeckt ist.
Fixieren Sie nun die Augen und den Schnabel und binden Sie dem Kücken eine Zierschleife um den Hals.

Motivhöhe
ca. 25 cm

Material Küken

- 3 Tontöpfe in Glockenform, ø 9 cm
- Styroporkugel, ø 7 cm
- Zierband in Gelb-Orange, 1 cm breit, 50 cm lang
- 2 Wackelaugen, ø 10 mm
- Beutel Hahnenfedern in Gelb
- Bastelfarbe in Gelb
- Rest Tonpapier in Rot

Vorlagenbogen

Indiofrau

Malen Sie zuerst den Tontopf (ø 8 cm) und den Untersetzer schwarz an.
Fertigen Sie dann die Figur aus den glockenförmigen Töpfen nach der Anleitung auf Seite 5/6. Bemalen Sie das Gesicht (siehe Vorlagenbogen). Flechten Sie nun aus Abacafaser zwei Zöpfe und kleben Sie diese am Rand des Topfes fest. Verdecken Sie den Zopfansatz mit der Borte. Für den Hut kleben Sie den schwarzen Topf auf den Untersetzer und diesen auf dem Kopf fest. Binden Sie zuletzt das Tuch um die Schultern.

Motivhöhe

ca. 35 cm

Material Indiofrau

- Tontöpfe in Glockenform, 2 x ø 9 cm und 13 cm
- 6 Mini-Tontöpfe, ø 3,5 cm
- Tontopf, ø 8 cm
- Tonuntersetzer, ø 12 cm
- Abacafaser in Schwarz
- Bastelfarbe in Schwarz
- Borte, 1,5 cm breit, ca. 30 cm lang
- Tuch in Schwarz, 40 cm x 40 cm

Vorlagenbogen

Motivhöhe

ca. 40 cm

Material Indiomann

- Tontöpfe in Glockenform, 2 x ø 9 cm und ø 11 cm
- Tontopf, ø 10 cm
- 7 Mini-Tontöpfe, ø 3,5 cm
- Tonuntersetzer, ø 14 cm
- Bastelfarben in Rot, Schwarz, Grün und Weiß
- Satinband in Rot, 1 cm breit, ca. 50 cm lang
- Langhaarplüsch in Schwarz

Vorlagenbogen

Indiomann

Den untersten Topf bemalen Sie mit schwarzer Farbe und am Rand mit dem Folkloremuster. Für den Hut bemalen Sie den Tonuntersetzer mit dem Zackenmuster und einen glockenförmigen Topf (ø 9 cm) sowie einen Mini-Tontopf in Schwarz. Setzen Sie nun die Figur wie unter Typ 2 (siehe Seite 6) beschrieben zusammen und malen Sie das Gesicht (siehe Vorlagenbogen) auf.
Für die Haare schneiden Sie einen ca. 1 cm breiten Streifen in Länge des Kopfumfanges aus schwarzem Langhaarfell zu. Kleben Sie diesen um den Topfrand fest und kürzen Sie die Haare im Gesichtsbereich. Setzen Sie den Hut zusammen und fixieren Sie ihn auf dem Kopf. Zur Zierde bekommt der Mann eine Schleife um den Hals.

Vogelscheuche

Fertigen Sie die Figur (Typ 1), verwenden Sie dabei zum Befestigen von Armen und Beinen statt Bast je 50 cm doppelt gelegten Chenilledraht. Fädeln Sie für die Arme die Mini-Tontöpfchen wie auf der Abbildung auf; das Verknoten zwischen den Töpfchen ist nicht nötig. Der Kopf wird wie gewohnt mit Bast festgebunden. Vor dem Zusammenziehen der Knoten binden Sie die beiden Chenilledrahtstücke für die Beine mit ein. Fädeln Sie auch hier die Tontöpfchen nach der Abbildung auf.
Die überstehenden Drähte von Armen und Beinen werden auf ca. 3 cm zurückgeschnitten und am Drahtansatz wird mit Klebstoff eine Holzperle fixiert. Als Verzierung für Arme und Beine ca. 10 cm lange Baststränge zuschneiden und in den leicht gebogenen Drahtenden befestigen. Den Draht gut verdrehen.
Nun den Holzstab ab ca. 5 cm unterhalb eines Endes ca. 1 cm lang dick mit Naturbast umwickeln, diesen mit Klebstoff fixieren und den Stab von unten vorsichtig bis zum Bastwulst durch die beiden Topföffnungen in das Kopfteil führen und festkleben.
Die Styroporkugel platzieren, die Perücke fertigen (Typ B, siehe Seite 6) und oberhalb des Topfrandes an der Styroporkugel fixieren.
Falten Sie aus der Filzplatte einen Hut (Schiffchen, siehe Vorlage). Kleben Sie die abstehenden Enden der Hutkrempe fest und fixieren Sie den Hut mit Klebstoff auf dem Kopf. Dann binden Sie das Nickituch um und kürzen die Haare nach Wunsch. Zuletzt kleben Sie Knöpfe auf das Oberteil und malen noch einige Flicken auf.

Motivhöhe
ca. 40 cm

Vorlagenbogen

Material

- Je 1 Tontopf, ø 8 cm und ø 12 cm
- Mini-Tontöpfe, 12 x ø 3,5 cm und 2 x ø 4 cm
- 2 Holzkugeln, ø 2 cm
- Styroporkugel, ø 8 cm
- 2 Wackelaugen, ø 16 mm
- Wattekugel, ø 15 mm
- 2 Knöpfe, ø 18 mm
- Bastelfarbe in Rot, Gelb, Schwarz
- Rundholzstab, ø 8 mm, 60 cm lang
- Nickituch, 28 cm x 28 cm
- Platte Filz in Braun
- Rest Naturbast
- Chenilledraht, 4 x 50 cm lang

Motivhöhe

ca. 15 cm

Material

- Je 1 Tontopf, ø 5 cm und ø 6 cm
- Styroporkugel, ø 5 cm
- Hanfzopf
- Holzperle in Rot, ø 10 mm
- 2 Holzperlen in Natur, ø 8 mm
- Holzperlen, ø 12 mm, 4 x in Pink, 6 x in Natur
- Stoffrest
- 2 Marionettenfüße, 32 x 24 mm.
- Band in Dunkelblau, 6 mm breit, 60 cm lang
- Holz-Besen, 6 cm

Miniaturhexe

Haben Sie nicht viel Platz auf der Fensterbank, ist diese hängende Hexe das Richtige für Sie. Fügen Sie die Teile wie auf Seite 5/6 (Typ 1) beschrieben zusammen. Statt Mini-Tontöpfen dienen hier aufgefädelte Perlen als Arme und Beine. Die dicke Knollennase, das verschmitzte Grinsen und ein buntes Tuch geben der Hexe ihr niedliches Aussehen.

Hexie Hexe

Motivhöhe

ca. 40 cm

Vorlagenbogen

Material

- Tontöpfe in Glockenform, ø 13 cm und 2 x ø 11 cm
- Tontopf, ø 14 cm
- Mini-Tontöpfe, 2 x ø 3,5 cm und 5 x ø 4 cm
- Tonuntersetzer, ø 12 cm
- Bastelfarbe in Schwarz und Rot
- Abacafaser in Kastanie
- Stoffrest, 40 cm x 40 cm
- Wattekugel, ø 20 mm
- Besen, 20 cm lang

Zuerst bemalen Sie die Hutteile und die Wattekugel. Fertigen Sie dann die Figur (Typ 2, siehe Seite 6). Malen Sie der Hexe nun ihr Gesicht und kleben Sie die Nase auf.
Nähen Sie aus kastanienbrauner Abacafaser eine Perücke (Typ B, siehe Seite 6), die Band-

länge entspricht dem Kopfumfang. Fixieren Sie die Perücke mit Klebstoff auf dem oberen Topfrand. Kürzen Sie die Haare im Gesichtsbereich.
Nun fügen Sie die Hutteile zusammen und kleben den Hut über dem Haaransatz fest. Zuletzt binden Sie der Hexe das Tuch um und geben ihr den Besen in die Hand.

Stehender Schneemann

Für den Hut einen Topf (ø 11 cm) schwarz grundieren, auf alle anderen Töpfe Strukturschnee auftragen. Nach dem Trocknen der Farbe fertigen Sie die Figur (Typ 2, siehe Seite 6).
Für die Hutkrempe wird ein 16 cm großer Kreis aus Moosgummi ausgeschnitten und auf dem Topfrand festgeklebt. Darüber stülpen Sie dann den Huttopf.
Danach werden die Wackelaugen, die Nase und die Knöpfe aufgeklebt und Mund und Wimpern aufgemalt. Damit der Schneemann nicht friert, wickeln Sie ihm einen Schal um den Hals.

Motivhöhe

ca. 35 cm

Material

- Tontöpfe in Glockenform 2 x ø 11 cm und 2 x ø 13 cm
- 6 Mini-Tontöpfe, ø 3,5 cm
- Platte Moosgummi in Schwarz, 2 mm stark
- Strukturschnee oder Bastelfarbe in Weiß
- Bastelfarbe in Schwarz
- 2 Wackelaugen, ø 12 mm
- Plastikkarotte, 6 cm lang
- Schal, 4 cm breit, 40 cm lang
- 3 Knöpfe, ø 2 cm

Schneemann mit Meisenknödel

Motivhöhe

ca. 25 cm

Material

- Tontöpfe in Glockenform, 2 x ø 9 cm, ø 14 cm
- Platte Moosgummi in Schwarz, 2 mm stark
- 2 Wackelaugen, ø 8 mm
- Plastikkarotte, 5 cm lang

Bemalen Sie die Tontöpfe in den entsprechenden Farben. Nach dem Trocknen verknüpfen Sie die Töpfe für Rumpf und Kopf (siehe Seite 5). Die für das Anknüpfen der Arme vorgesehenen Bastfäden führen Sie als Aufhängung durch ein mittig eingeschnittenes Loch in der Moosgummiplatte (ø 12 cm, Hutkrempe) und durch den Huttopf, bevor Sie die Fäden verknoten. An den nach unten hängenden Bastfäden wird der Meisenknödel befestigt. Stellen Sie nun wie oben beschrieben das Gesicht fertig und binden Sie dem Schneemann seinen Schal um.

Stehender Weihnachtsmann

Motivhöhe

ca. 45 cm

Material

- Tontöpfe, ø 8 cm, 2 x ø 12 cm, ø 10 cm
- Mini-Tontöpfe, 4 x ø 3,5 cm und 2 x ø 4 cm
- Styroporkugel, ø 8 cm
- Wattekugel, ø 15 mm
- 2 Wackelaugen, ø 16 mm
- Brille, ca. 8 cm breit
- Bastelfarbe in Rot und Schwarz
- Wattevlies in A2
- Langhaarplüsch, 1 cm breit, 3 cm lang
- Platte Filz in Rot
- Wollbommel in Weiß-Silber, ø 3 cm
- 3 Knöpfe, ø 2 cm

Vorlagenbogen

Grundieren Sie die für den Mantel vorgesehenen Tontöpfe (ø 12 cm) und Mini-Töpfchen in Rot und die Hose (ø 10 cm) in Schwarz. Um ausgewogene Proportionen zu erhalten, werden für den Mantel zwei Tontöpfe übereinander gestülpt. Fertigen Sie das Oberteil (siehe Seite 5). Bestreichen Sie das Topfinnere des Mantelteiles mit Holzleim und stülpen Sie es über den zweiten Topf. Der für die Hose vorgesehene Topf wird unter dem Mantel festgeklebt. Nun fixieren Sie die rot angemalte Nase und die Wackelaugen und zeichnen Sie die Mundlinie nach der Abbildung. Stellen Sie nach der Vorlage eine Mütze aus rotem Filz her, vergessen Sie beim Zuschneiden die Nahtzugabe von 1 cm nicht. Die Spitze ziert ein kleiner Bommel. Kleben Sie eine Styroporkugel in den Kopf und ziehen Sie dann die Mütze bis über den Topfrand. Verdecken Sie den Ansatz der Mütze mit einem Pelzbesatz aus Wattevlies. Der doppelte Topfrand des Mantels wird ebenfalls mit Wattevlies kaschiert. Außerdem erhält der Weihnachtsmann noch einen Pelzbesatz als Unterlage für die Knöpfe und einen weiteren um den Hals. Fixieren Sie die Knöpfe wie auf dem Foto und kleben Sie den Bart auf. Die Barthaare können Sie nach Wunsch kürzen. Zuletzt wird die Brille fixiert.

Rotes Weihnachtsmann-Klangspiel

Zeichnen Sie zuerst die Konturen der Augen und malen Sie diese in Weiß aus. Kleben Sie dann die Halbperlen auf. Fixieren Sie nun die rote Perle als Nase und zeichnen Sie die Mundlinie. Tragen Sie mit dem Pinsel den Strukturschnee als Bart und um den Topfrand auf. Nun befestigen Sie das Klangspiel an dem quergestellten Hölzchen, das die Bastaufhängung hält (siehe Seite 5) im Topf. Fixieren Sie es zusätzlich mit etwas Klebstoff, damit die Klangstäbe nicht herausrutschen können. Nähen Sie die Mütze und stülpen Sie diese über den Kopf. Schneiden Sie ein kleines Loch in die Mütze, damit Sie den Aufhängefaden durchfädeln können. Um den Mützenansatz kleben Sie einen Wattevliesstreifen, an der Spitze befestigen Sie die Bommel.

Motivhöhe
ca. 22 cm

Material
- Tontopf, ø 8 cm
- Klangspielstäbe in Silber, 12 cm, 14 cm und 16 cm lang
- Strukturschnee
- 2 Halbperlen, ø 8 mm, oder Wackelaugen, ø 10 mm
- Holzperle in Rot, ø 10 mm
- Rest Wattevlies
- Filz in A5 in Rot
- Bommel in Weiß, ø 3 cm

Vorlagenbogen

Weißes Weihnachtsmann-Klangspiel

Grundieren Sie den Tontopf in Weiß und kleben Sie die Wackelaugen und die Halbperle als Nase auf. Zeichnen Sie nun die Mundlinie. Stellen Sie das Klangspiel wie oben beschrieben fertig.

Die Mütze wird aus Wattevlies gefertigt und mit einem silbernen Band verziert.

Motivhöhe
ca. 16 cm

Vorlagenbogen

Material
- Tontopf, ø 6 cm
- Klangspielstäbe, ø 4 cm, ø 6 cm, ø 8 cm
- Bastelfarbe in Weiß
- Strukturschnee
- 2 Wackelaugen, ø 6 mm
- Halbperle in Schwarz, ø 8 mm
- Rest Wattevlies
- Zierband in Silber, 2 cm breit, ca. 20 cm lang
- Bommel in Weiß, ø 3 cm

Motivhöhe

ca. 35 cm

Material

- Tontöpfe in Glockenform, 2 x ø 11 cm, ø 17 cm
- Mini-Tontöpfe, 4 x ø 3,5 cm und 2 x ø 4 cm
- 2 Holzkugeln, ø 2 cm
- Styroporkugel, ø 10 cm
- Hanfzopf
- Bastelfarbe in Gold und Haut
- Glitterliner
- Holzstern in Gold, ø 6 cm
- Messingdraht
- Zierband in Gold, 6 mm breit, 60 cm lang

Engel

Zuerst einen Tontopf (ø 11 cm) hautfarben streichen. Die übrigen Töpfe werden in Gold grundiert.

Setzen Sie dann die Figur zusammen (Typ 2, siehe Seite 6) Malen Sie das Gesicht auf und fixieren Sie die Styroporkugel als Perückenunterlage. Fertigen Sie die Hanfperücke und Stirnfransen (Frisur B, siehe Seite 6), die Bandlänge entspricht dem Topfumfang. Kleben Sie die Perücke am Stirnansatz beginnend bis zum Wirbel fest. Schlagen Sie das überschüssige Ende nach innen und verteilen Sie die Haare so, dass der Hinterkopf verdeckt ist. Nun verzieren Sie mit dem Glitterliner den Rand des Rockes und des Oberteiles. Befestigen Sie dann den Holzstern mit Messingdraht an den Holzkugeln. Zuletzt wird der Halsansatz mit einer Schleife verziert.